BIBLIOTHÈQUE DES ÉCOLES CHRÉTIENNES

# LES MÉMOIRES

## D'UNE

# GRAND'MÈRE

PAR

M<sup>me</sup> LA V<sup>sse</sup> DE SAINT-P**

## TOURS

A<sup>d</sup> MAME ET C<sup>ie</sup>, IMPRIMEURS-LIBRAIRES

# BIBLIOTHÈQUE

## DES

# ÉCOLES CHRÉTIENNES

### APPROUVÉE

Par S. Ém. M<sup>gr</sup> le Cardinal Archevêque de Tours.

# LES MÉMOIRES

## D'UNE

# GRAND'MÈRE

PAR

Mme LA Vsse DE SAINT-P**

TOURS

Ad MAME ET Cie, IMPRIMEURS-LIBRAIRES

1857

# LES MÉMOIRES

## D'UNE

# GRAND'MÈRE

***

Par une belle soirée de septembre, la comtesse de Kersaint était assise près de ses deux enfants, dans son petit salon à boiserie dorée, que l'on nommait au château le salon des Portraits, parce que là se trouvaient réunis tous ceux des ancêtres de la comtesse qu'on avait pu conserver ; les fenêtres étaient ouvertes, le soleil couchant colorait de ses derniers rayons les tentures de soie rouge et les vieilles tapisscries; le parfum des fleurs montait du parterre et se répandait dans l'appartement : sur le sopha était étendu un jeune garçon d'environ treize ans, fils aîné de la comtesse; la vivacité de son teint, l'éclat de ses yeux noirs, protestaient contre toute apparence de maladie; mais un de ses pieds, soigneusement enveloppé, expliquait sa posture nonchalante. Gaston s'était donné une entorse en suivant son père à la chasse, plaisir qu'on venait de lui permettre pour la première fois pendant les vacances.

Appuyée sur un coussin, la tête sur les genoux de la comtesse, une charmante enfant de onze ans jouait avec la châtelaine de sa mère, et ses boucles blondes s'éparpillaient sur la robe blanche de celle-ci.

« Maman, chère maman ! dit tout à coup la petite Élisabeth en jetant deux bras caressants autour du cou de M<sup>me</sup> de Kersaint; puisque le pauvre Gaston s'est donné une entorse, et qu'il ne peut bouger du canapé depuis huit grands jours; puisque j'ai bien su toutes mes leçons, même ma grammaire anglaise aujourd'hui, et puisque vous êtes la meilleure, la plus chère des petites mamans...

— Allons, Élisabeth ! où veux-tu en venir avec tes *puisque ?* interrompit sa mère en riant et en embrassant la jolie tête bouclée de sa fille.

— Ah ! je sais bien, moi, où elle

veut en venir, dit à son tour Gaston, et j'appuie sa demande de toutes mes forces. Il s'agit de nous conter quelques histoires du temps passé, comme l'autre jour; vous savez, du temps où vivait ma grand'maman; cela m'intéresse au moins autant que ma petite sœur, moi qui sais un peu mon histoire de France; je vous en prie, ma chère bonne mère!... Voilà le jour qui baisse, et rien n'est agréable comme de rester ainsi sans lumière à vous écouter.

— Allons, *puisque* vous êtes les meilleurs, les plus chéris des enfants, je souscris à votre prière. Je vous lirai quelques pages des souvenirs de notre grand'mère : votre père et moi sommes cousins germains, comme vous savez ; ces feuilles nous sont également chères et précieuses, dit la comtesse en ouvrant avec une clef d'or attachée à sa châtelaine un coffret de velours orné d'une miniature ancienne. Elles m'ont été conservées par une femme dévouée, une amie de votre grand'-mère, que j'ai eu quelquefois occasion de vous nommer, et que je vous ferai connaître aujourd'hui : ce journal était écrit par M^lle Élisabeth de Kersaint, en 89; elle avait à peu près ton âge, Gaston... Voyez, l'encre en est toute jaunie; mais le parchemin d'alors valait mieux que le papier d'aujourd'hui; et j'ai lu si souvent ce manuscrit, que j'en distingue facilement les caractères, en dépit du jour qui baisse. Écoutez donc.

## JOURNAL DE MA GRAND'MÈRE.

Kersaint, 17 juin 1789.

Oh ! quel joli fourreau de taffetas rose, garni de rubans, je viens de recevoir de ma bonne mère pour le jour de ma fête ! et deux louis dans une jolie bourse, de mon papa ! et un livre d'heures, relié en velours, de ma tante l'abbesse ! Puis, ce qui vaut mieux que tout cela ensemble, une lettre de mon frère le colonel, une lettre pour moi toute seule, adressée à M<sup>lle</sup> Élisabeth de Kersaint ! avec le timbre de la poste ! Que je suis heureuse ! j'aime tant mon frère Louis ! Quel plaisir aussi j'aurai ce soir de montrer tous mes jolis présents à mes bonnes amies qui vont venir passer la soirée au château! comme nous allons nous amuser! Ah!... qui vient m'interrompre au milieu de mon occupation favorite, de mon cher journal, où j'écris chaque jour mes plaisirs et mes peines, afin de les retrouver plus tard, pour me réjouir encore des uns et me consoler de mes petits chagrins passés ? C'est la femme de chambre Justine.

Ah! ma bonne nourrice est là qui m'apporte aussi son présent; vite, fermons mon cahier pour aller l'embrasser et la remercier.

Ce seront sans doute quelques fruits... des gâteaux... n'importe! Excellente Marie-Jeanne, ton Élisabeth sait bien que tes cadeaux viennent du cœur, et c'est aussi de bien bon cœur que je les recevrai...

———

Ma bonne nourrice m'a apporté un agneau si blanc, si joli! je crois qu'il me connaîtra bien vite. Il mange dans ma main ; je vais avoir l'air d'une petite bergère; je lui ai mis un ruban bleu au cou, je le conduirai moi-même sur la pelouse de Kersaint!

Je n'ai pu reprendre mon journal que cette après-dînée; à peine ma nourrice sortait-elle de ma chambre, qu'on m'a annoncé Apolline Marville, la fille aînée du receveur des gabelles de la ville de Nantes. J'aime bien Apolline; elle est si

bonne, si modeste! elle s'efface toujours, est toujours prête à faire
plaisir aux autres : maman me permet de la voir ainsi que ses sœurs,
parce qu'elle a connu M<sup>me</sup> Marville au couvent, et que d'ailleurs
ces demoiselles sont parfaitement
élevées.

Apolline venait me faire une demande; j'ai vu cela tout de suite
à son air un peu embarrassé; mais
je l'ai promptement mise à son aise,
et j'ai su toute l'affaire.

« Mademoiselle Élisabeth, m'a-
t-elle dit, ma sœur Zoé a vu l'autre
jour chez la tailleuse votre habit de
taffetas rose, et comme M<sup>me</sup> votre
mère nous a fait l'honneur de nous
inviter à venir passer la soirée au
château, Zoé, depuis ce temps, fait

tourner la tête à maman pour lui acheter un habit pareil. Vous savez que nous sommes quatre, et que mon papa n'est pas riche ; maman ne peut pas nous mettre comme des demoiselles de qualité ; mais la pauvre Zoé est un peu gâtée à cause de sa santé délicate ; elle pleure, elle se désole, elle se rendra malade, et aura les yeux rouges ce soir... Encore si ce n'était que cela ! mais elle s'est mis dans l'esprit de ne pas venir au château ; et si mon papa vient à savoir ce caprice, il se fâchera tout à fait, d'abord contre Zoé, et puis ensuite, j'en ai peur, contre ma chère maman, qu'il accuse de faiblesse pour ma sœur.

— En vérité ! ce que vous me

contez là me paraît fâcheux, ma bonne Apolline; mais, dites-moi, y puis-je quelque chose?

— Oh! mademoiselle Élisabeth! je n'aurais pas voulu vous demander un pareil sacrifice si je ne vous savais si bonne. Mais si je pouvais dire à Zoé que vous ne mettrez pas votre habit ce soir, je crois qu'elle se consolerait de n'avoir pas une robe neuve. »

Comment? je ne mettrai pas mon joli fourreau de taffetas qui me va si bien, qui est un présent de ma bonne mère, et cela pour faire plaisir à une petite fille envieuse et coquette? Telle fut ma pensée à la proposition d'Apolline; mais, pour me donner le temps de réfléchir et de préparer ma réponse, je la priai de m'attendre un moment, et je passai dans mon cabinet de toilette : le joli habit était là tout prêt, avec sa garniture si fraîche ; c'était bien tentant ! M^{lles} Marville ne sont pas les seules invitées ce soir, me disais-je ; il y aura les filles de la marquise de Lesparre, du baron de Beaulieu ; ces jeunes personnes seront mises, certes, avec élégance !... Oui ; mais j'ai entendu dire que M. Marville était fort sévère et dur pour ses filles, même un peu pour sa femme ; je serai cause peut-être d'une querelle que je puis éviter... Et quel plaisir cela ferait à cette bonne Apolline, qui, elle, j'en suis sûre, n'hésiterait pas à me rendre tous les services que je lui demanderais ! Elle m'est si attachée ! elle a

un cœur si dévoué!... Allons!...
voilà qui est fait.

« Justine! serrez mon fourreau
de taffetas, je pourrais le gâter en
dansant ce soir sur la pelouse, par
la rosée. Vous apprêterez ma jupe
de mousseline et mes rubans bleus.
Eh bien! que dira donc ma chère
maman en ne me voyant pas parée
de son beau présent? Je n'avais pas
songé à cela! »

————

Comme je me suis amusée hier
soir, et comme j'ai bien fait de ne
pas mettre mon bel habit! Jamais je
n'ai dansé de si bon cœur, je crois :
ma jupe de mousseline est toute dé-
chirée; mais ça m'est bien égal! Et
quand tout le monde s'est retiré le

soir, ma chère maman est venue à moi, m'a baisé au front, et m'a dit : « Ma Lisbeth! je sais tout! Apolline m'a dit le sacrifice que tu as fait de tón amour-propre à ton amitié. Dors bien cette nuit, mon enfant chérie, et agis toujours de même; un acte de désintéressement, quelque léger qu'en soit le motif, porte toujours en soi sa récompense... Tu n'as pas regretté ta parure, n'est-ce pas? »

—

1er juillet.

Je vais quitter Kersaint; on emballé tout. Les voitures sont demandées pour demain matin à six heures; nous allons à Versailles : mon père est un des délégués de la noblesse aux états. Je vais donc pour la première fois m'éloigner de ce vieux château, de cette terre où j'ai passé toute mon enfance, si heureuse, si aimée de tous ! J'ai fait mes adieux à ma bonne nourrice, à mes sœurs de lait, à mes amies ; je laisse mon agneau favori et mes colombes à Apolline Marville, qui me les a demandés pour en prendre soin et me les conserver : elle m'a fait promettre de lui écrire.

Maman m'a dit qu'elle me présenterait à ma marraine, la sœur du roi, Madame Élisabeth de France. Moi, qui n'ai pas quatorze ans, je connaîtrai donc Versailles, et cette bonne princesse, pour laquelle je prie Dieu tous les jours, et dont je n'ai encore vu que le portrait. Cela devrait me rendre toute joyeuse; eh bien, je ne sais pourquoi, mon papier est mouillé de mes larmes, voilà deux lignes presque effacées ! Ce matin, j'ai cueilli un beau bouquet de roses et de jasmin dans le parterre; j'ai été voir les étangs, le potager, la ferme : le soleil brillait, tout cela me paraissait plus beau que de coutume. Il me semble que je quitte de vieux amis : pauvre Kersaint ! quand te reverrai-je ? Je ne t'ai jamais tant aimé !

Versailles, le.....

Voilà bien des jours que je n'ai repris mon journal, près de deux mois se sont écoulés depuis mon départ de Kersaint : je n'ai pas eu un seul instant libre. Il a fallu me faire faire des habits, les essayer; on m'a donné une foule de maîtres, puis maman m'a menée avec elle le matin faire des visites.

Enfin j'ai vu ma marraine! Cette présentation, qui m'effrayait tant de loin, ne m'a laissé qu'un doux souvenir : d'abord, on m'avait si bien instruite de la manière dont je devais saluer, marcher, répondre, tout cela était réglé, et su d'avance : j'avais un grand habit de dauphine à fleurs, une guirlande de roses blanches sur la tête, on m'avait fait poudrer par le coiffeur de la cour. Je me reconnaissais à peine dans la glace. Nous fûmes reçues dans les pe-

tits appartements où Madame Élisabeth travaillait au métier, seule avec
une de ses dames. J'osais à peine
lever les yeux, et m'appliquais à
mes révérences ; mais la bonne princesse m'embrassa au front :

« Ma filleule vous ressemble beaucoup, ma chère comtesse, dit-elle
à ma mère ; j'espère qu'elle est déjà
bonne et pieuse comme vous, et
qu'elle met à profit vos exemples.
Quel âge avez-vous, Elisabeth ?

— Quatorze ans, Madame.

— Êtes-vous bien émerveillée de
Versailles, mon enfant ? Vous a-t-on
mené voir le palais, les jardins, la
chapelle ?

— Madame, je goûte en ce moment le bonheur que je désirais le
plus, celui d'être en la présence de

votre Altesse Royale, répondis-je avec un profond respect.

— C'est bien répondre, comtesse! vous avez donné vos yeux et votre esprit à votre fille! Vous prierez Dieu pour le roi, pour la reine, et pour moi, ma bonne petite. Voici un souvenir de votre marraine. » Et en disant cela, Madame me remit un écrin contenant des pendants d'oreilles en perles; peu d'instants après nous nous retirâmes.

A l'exception de cette visite à Madame Élisabeth, qui m'a vraiment rendue heureuse, j'aime peu le séjour de Versailles, et je regrette Kersaint : je vois bien peu ma chère maman ici, je dîne seule avec ma gouvernante, je ne sors qu'en carrosse; où sont nos belles prome-

nades dans les futaies de Kersaint?
Je regrette mon jardin, ma volière.
Lorsqu'on me fait appeler au cercle
de maman, la conversation ne
m'intéresse pas, et j'ai hâte d'en
sortir.

Depuis que je suis ici, j'ai entendu quelquefois parler politique,
je n'y comprends pas grand'chose;
ma gouvernante, à laquelle j'ai demandé quelques explications, dit
que cela ne regarde pas les petites
filles comme moi. Pourtant un soir
j'ai vu entrer dans ma chambre ma
chère maman, qui m'a dit : « Chère
ange, prie Dieu pour nos princes;
les prières des âmes pures doivent
trouver grâce auprès du Seigneur,
et détourner l'orage qui gronde!

— Maman, me suis-je écriée, que

se passe-t-il donc? le roi court-il
quelque danger?

— Mon enfant, tu seras bien assez
tôt initiée aux malheurs qui se pré-
parent peut-être; fais tes prières, et
dors en paix. Il ne serait pas impossible que je t'envoyasse dans peu à
Kersaint avec ta gouvernante. »

Malgré mon désir de revoir ma
chère Bretagne, je serais bien fâchée
de quitter maman et de la laisser
ici; ses dernières paroles m'ont rendue toute triste. Je viens de recevoir
une lettre d'Apolline Marville, qui
m'apprend que sa mère et sa sœur
Zoé vont venir à Versailles rejoindre
son père, qui est aussi aux états avec
les Messieurs du Tiers. Pour Apolline,
elle reste à Nantes avec sa grand'-
mère aveugle, et ses petites sœurs

pour en prendre soin. Apolline est la Cendrillon de la famille; mais elle n'est envieuse de personne, son bonheur consiste à s'occuper de celui des autres.

— Ici, mes enfants, il y a une lacune dans les mémoires de votre grand'mère, dit M^me de Kersaint en s'interrompant; les malheurs de la Révolution ne tardèrent pas à éclater; plusieurs pages ont été arrachées du manuscrit, dans la crainte, sans doute, de compromettre quelques personnes, si ces papiers eussent été trouvés. Je puis encore cependant vous lire une lettre qui n'est pas signée, mais que je sais être d'Apolline Marville. Cette lettre fut apportée à Paris à notre grand'mère par son père nourricier, peu de temps après les terribles journées des 5 et 6 octobre.

La voici :

« Nantes, 8 octobre.

« Mademoiselle,

« Ayant appris ce qui venait de
« se passer à Versailles, je vous
« adresse cette lettre par une per-
« sonne sûre qui s'est chargée de
« vous la remettre en mains propres.
« Mon père et ma mère sont tou-
« jours absents ; mais ma bonne ma-
« man et moi, nous serons heureux
« de vous recevoir, si madame votre
« mère consent à se séparer de vous,
« et à vous confier à Jean-Pierre.

« Vous ne pouvez habiter Kersaint
« en ce moment, le pays n'est pas
« sûr, plusieurs châteaux ont été
« pillés et brûlés. Chez nous, vous
« serez bien en sûreté. Hélas ! les
« opinions de mon père sont trop
« connues pour qu'on songe à vous
« inquiéter ; vous passerez pour une
« de mes cousines, Marthe Duval,
« qu'on n'a jamais vue à Nantes.
« Venez, chère Mademoiselle, je
« serai heureuse de vous recevoir,
« et de vous assurer de mon entier
« dévouement, ainsi que de toute
« mon amitié. »

« *P.-S.* Vos colombes et votre
« agneau se portent bien, j'en ai
« grand soin. »

— Il faut vous dire, mes chéris,

que le père d'Apolline était devenu un homme important, et ce qu'on commençait à appeler un *patriote*, c'est-à-dire un ennemi du roi et de tout ce qui tenait à la cour. C'était un triste temps que celui où vivait votre grand'mère. Restons-en là pour ce soir, enfants.

— Maman! seulement une chose encore : ma grand'mère profita-t-elle de l'invitation de M^{lle} Marville ? »

— Oui, sans doute, et la bonne Apolline la reçut comme une sœur, l'entoura de soins, et sut la préserver, par son intelligence et son dévouement, de tout danger. Mais ce n'est pas tout ; ce fut Apolline qui facilita l'évasion des parents de sa chère Élisabeth, qui lui durent leur vie ; car ils eussent péri infailliblement s'ils eussent été arrêtés.

— Oh! maman, encore cela! plus que cela! Chère maman, contez-nous cette évasion, s'écrièrent en même temps Élisabeth et Gaston.

— Vous faites de moi ce que vous voulez; mais je suis fatiguée, et votre père va rentrer, nous attendons du monde ce soir; ainsi vous n'aurez plus que cette page écrite en émigration, pendant le séjour en Angleterre du comte et de la comtesse de Kersaint. »

Brighton, ce.....

Mon Dieu, soyez béni! enfin, après tant d'épreuves, nous voici en sûreté, mes bons parents et moi, loin de la France, hélas! pauvres; mais qu'importe! Mon père donne des leçons, ma mère et moi nous brodons; ma mère a enfin quelques écolières pour la musique : nous habitons une petite maisonnette au bord de la mer, nous n'avons personne pour nous servir. Combien je me trouve heureuse de pouvoir être de quelque utilité à ma bonne mère! je l'aide dans les soins du ménage. La journée passe bien vite : levée à six heures du matin, après mes prières le travail à l'aiguille; ma mère exige que je fasse tous les jours une promenade quand le temps le permet; j'ai encore une demi-heure chaque soir après souper pour mon cher journal; de toute notre fortune passée, ce que que je regrette davantage c'est de n'avoir plus rien à donner : nous avons à peine le nécessaire pour nous-mêmes. Si jamais nous rentrons en France, si jamais je revois mon cher, mon bien-aimé Kersaint, je demanderai à maman de faire bâtir une jolie petite chaumière à ma bonne nourrice, et puis je voudrais qu'Apolline vînt demeurer avec moi au château. Ah! j'aimerais à la traiter comme ma sœur! Quand je pense que c'est à elle que nous devons la liberté, la vie, jamais je ne l'oublierai; je me rappelle, comme si c'était hier, cette froide soirée de décembre : nous étions assis bien tristement devant un grand feu, dans la maison du garde, à Kersaint. Jusque alors notre retraite avait échappé aux regards, et nous nous livrions à une fausse sécurité,

lorsque nous vîmes entrer Jean-
Pierre accompagné d'un jeune gars
breton , dans lequel, malgré son dé-
guisement, je reconnus avec effroi
ma bonne Apolline. Elle était venue
à pied, ses habits étaient trempés,
elle paraissait accablée de fatigue : 
« Fuyez, fuyez, nous dit-elle, jetez-
vous dans les bois, j'ai vu le nom
du comte de Kersaint sur la liste
de ceux qu'on doit venir arrêter
demain pour les jeter dans les pri-
sons de Nantes. » Puis elle nous
expliqua à la hâte les moyens de
fuite qu'elle avait su nous préparer.....

Grâce à son généreux dévouement, nous pûmes, au bout de
quelques jours, nous jeter dans une
barque de pêcheur qui nous con-

duisit en Angleterre. O ma chère Apolline! combien je la plains d'être la seule de sa famille animée de ce sentiment généreux! Hélas! j'ignore ce qu'elle est devenue, je n'ai pu me procurer de ses nouvelles; peut-être aura-t-elle eu à souffrir pour sa belle action : mon Dieu, ne le permettez pas; et chargez-vous d'acquitter notre dette de reconnaissance envers ce noble cœur.

A cet endroit de sa lecture la comtesse de Kersaint fut interrompue par l'arrivée de son mari, qui parut à l'entrée de l'appartement :

« Antoinette, lui dit-il, je viens vous enlever à nos enfants; il y a du monde au salon, on vous attend. Je suis monté pour vous chercher, et les embrasser en même temps.

— Bonsoir, mes chéris, leur dit leur mère, allez dans vos chambres, et dormez bien; demain au soir, si Gaston peut supporter la voiture, je vous mènerai faire une visite au couvent du Bon-Pasteur, où vous verrez Apolline Marville.

— Est-il possible! maman, vit-elle encore?

— Oui, quoique bien vieille, elle est encore supérieure sous le nom de Sœur Ange-de-la-Merci; aussitôt que les couvents furent rouverts, après la Révolution, elle s'empressa d'y entrer; et elle sera bien heureuse de voir avant de mourir les petits enfants de cette Élisabeth qui lui fut si chère. »

La comtesse donna un tendre baiser à chacun de ses enfants, et les laissa rêvant encore aux mémoires de leur grand'mère.

LE

# PETIT ORGANISTE

———◦———

Au commencement du printemps dernier, M<sup>me</sup> de Lucenay conduisit sa fille Mathilde aux prières des quarante heures, dans la petite chapelle de l'Asile du Saint-Cœur de Marie, pour les jeunes filles pauvres, situé rue Notre-Dame-des Champs, derrière le Luxembourg. Ce quartier, presque désert, n'est guère connu des habitants de l'autre rive de la Seine. Quelques inscriptions placées sur les portes cochères, une petite croix de bois, indiquent, çà et là, un atelier, une maison de santé, un couvent; on n'y voit point de boutiques, tout y est silencieux et paisible, et c'était un spectacle inusité pour les habitants de ce faubourg reculé qu'une voiture armoriée, stationnant à la porte de la pieuse maison, où avait lieu ce jour-là l'adoration du Saint-Sacrement. Ce petit pèlerinage offrait à Mathilde un intérêt tout particulier: la modeste chapelle parée pour ce grand jour de toutes ses fleurs, de ses nappes d'autel les mieux brodées, était toute remplie de fidèles agenouillés : derrière la grille du chœur des religieuses, on apercevait

les jeunes élèves en voiles blancs ;
enfin, après une touchante exhor-
tation du Révérend Père de ***, un
petit orgue placé dans la tribune
accompagna les voix pures de trois
jeunes filles qui chantèrent l'*O Sa-
lutaris* avec l'accent d'une piété si
vraie, qu'il aurait fallu un cœur
plus endurci, ou une âme moins
tendre que celle de Mathilde pour
ne pas se sentir touchée jusqu'aux
larmes. En levant les yeux, elle vit
que sa mère partageait son émotion,
et lui pressa doucement la main.

En se retirant, M^{me} de Lucenay
demanda à l'une des sœurs qui
avait touché l'orgue d'une manière
si remarquable.

« C'est ordinairement ma sœur
Thérèse qui accompagne le chant,

répondit la religieuse; mais elle est malade, et notre mère l'a fait remplacer aujourd'hui par un jeune enfant qui habite ici près, et dont la mère travaille pour la maison. On dit qu'il est bon musicien pour son âge, il n'a pas douze ans; mais si vous eussiez entendu ma sœur Thérèse, c'est bien autre chose. J'espère qu'elle sera bientôt guérie. »

M<sup>me</sup> de Lucenay laissa une petite offrande à la bonne sœur pour l'entretien de la chapelle, et, traversant le jardin, se trouva bientôt dans la rue où l'attendait sa voiture.

« Il fait si doux, maman, dit Mathilde; si vous vouliez, nous pourrions revenir à pied?

— Volontiers, répondit sa mère;

nous traverserons le Luxembourg,
les lilas commencent à fleurir, nous
ferons une charmante promenade.
Mais ne seras-tu pas un peu lasse?
car il y a loin d'ici à la rue Royale,
où nous demeurons.

— Oh! non, maman! en vérité,
je suis si contente de ma matinée!...
nous causerons. Maman! avez-vous
entendu? c'est un enfant d'un an
plus jeune que moi qui a si bien
joué pendant l'office. Cela me plai-
rait tant de faire de la musique dans
une église pour accompagner ces
belles hymnes! Oh! cela me sem-
blerait délicieux de toucher l'orgue
de la paroisse, cet été, quand nous
retournerons à la campagne.

— Pour cela, dit en souriant
M^{me} de Lucenay, il faudrait prendre

un peu mieux tes leçons de piano,
et je doute qu'au point où tu en es,
ma chère Mathilde, tu puisses faire,
en six mois d'études, assez de progrès pour atteindre la force du jeune
virtuose que nous venons d'entendre; c'est certainement une organi-
sation musicale extraordinaire, et
je voudrais bien savoir... Mais, ma
chère enfant, je suis fâchée d'avoir
renvoyé la calèche, il commence à
tomber de larges gouttes d'eau,
dans cette saison le temps varie si
brusquement, qu'on ne sait sur quoi
compter; où nous mettre à l'abri?
Où trouver une voiture dans ce
quartier désert? je suis réellement
un peu embarrassée... »

En ce moment, M^{me} de **Lucenay**,
en jetant les yeux autour d'elle,

ne vit dans la rue qu'un petit garçon d'environ douze ans, qui marchait dans la même direction qu'elle, un rouleau de musique sous le bras.

« Mon petit ami, lui dit-elle, ne pourriez-vous me rendre le service de m'indiquer où je puis trouver une voiture de place?

— Oh! Madame, répondit l'enfant, il faut aller bien loin; mais si vous voulez entrer un moment chez ma mère qui loge ici, j'irai vous en chercher une.

—Maman, maman, dit Mathilde à voix basse, en tirant sa mère par son châle, je suis sûre que c'est le petit musicien, acceptez; je vous en prie. »

M^me de Lucenay sourit, regarda

l'enfant, et se décida à le suivre.

Il ouvrit la grille en bois d'une toute petite cour, au fond de laquelle était un pavillon composé de deux étages seulement : arrivé au dernier, le petit garçon introduisit M<sup>me</sup> de Lucenay et Mathilde dans une petite chambre propre, mais plus que modestement meublée, où se trouvait une jeune femme en deuil, qui allaitait un petit enfant.

« Ma mère, dit-il, voilà des dames qui viennent du couvent, et que l'averse a forcées de se mettre à l'abri ; je vais courir leur chercher une voiture.

— Est-ce vous, mon enfant, demanda M<sup>me</sup> de Lucenay, qui avez touché l'orgue tout à l'heure pendant l'office ?

— Oui, Madame, je sortais de l'église derrière vous.

— Vous avez là un enfant qui a déjà un talent remarquable, » dit M<sup>me</sup> de Lucenay, quand le petit garçon fut sorti, en s'adressant à la jeune femme; celle-ci se leva, et offrit une chaise à Mathilde, un vieux fauteuil à sa mère : il n'y avait que ces deux siéges dans la pièce.

Mathilde regarda avec curiosité et intérêt la mère du petit musicien; celle-ci paraissait très-jeune et délicate; elle ne portait point de bonnet comme les ouvrières de Paris; de grosses boucles blondes tombaient sur sa robe de laine noire très-simple; elle avait le teint pâle et fatigué, et ses grands yeux bleus exprimaient une sorte de timidité et de souffrance.

M<sup>me</sup> de Lucenay la questionna sur l'âge du nourrisson qu'elle tenait :

« Vous n'avez que ces deux enfants ?

— Oui, Madame, ma petite Marguerite et mon Wilhem. Nous sommes tous seuls ici maintenant; » et quelques larmes tombèrent sur la tête de la petite fille.

M<sup>me</sup> de Lucenay eût voulu interroger cette jeune femme qui excitait son intérêt, mais celle-ci avait un air de réserve qui l'arrêtait.

Il y avait un grand denûment autour d'elle; pourtant un piano était dans cette pauvre chambre, au-dessus du piano, un crucifix en ivoire dans un cadre doré. Un métier à tapisserie où l'on voyait une broderie commencée occupait l'embrasure de la fenêtre.

« Votre petit Wilhem a sans doute des dispositions musicales extraordinaires, reprit M^me de Lucenay; mais il lui a fallu les leçons d'un maître pour arriver à toucher de l'orgue de cette manière?

— Wilhem n'a jamais eu d'autre maître que moi, dit la jeune femme; mais depuis huit mois, ajouta-t-elle en regardant sa robe noire d'un air triste, depuis que je suis veuve, je n'ai plus le cœur à rien. D'ailleurs il faudrait d'autres leçons à l'enfant que les miennes.

— Vous paraissez souffrante? continua M^me de Lucenay, et.....

vous travaillez pour le couvent, m'a dit la sœur tourière.

— Oui, Madame, ces dames me connaissent, et ont la bonté de se charger de vendre mes ouvrages, en même temps que celui de leurs élèves. »

M^{me} de Lucenay mit la main à sa bourse, la jeune femme devint très-rouge, la mère de Mathilde se hâta de dire : « J'aurais besoin de deux coussins très-riches pour un canapé ; si vous voulez me montrer des échantillons, je vous prierais d'en fixer le prix, et de le recevoir dès à présent.

— Vous êtes bien bonne, Madame, mais jusqu'ici je n'ai travaillé que pour les dames de l'Asile. Leurs commandes me suffisent, et je

craindrais de ne pouvoir les satis-
faire en prenant de l'ouvrage ailleurs. »

En ce moment, le petit Wilhem
rentra tout essoufflé : « Voici la
voiture, dit-il, ces dames ne seront
pas mouillées, Dieu merci ; il pleut
à torrents. Quelle adresse faut-il
donner au cocher ?

— Rue Royale, nᵒ 6 ; la baronne
de Lucenay... Voici mon adresse,
ajouta la mère de Mathilde en po-
sant sa carte sur le métier à tapisserie. Je serais charmée d'entendre
encore le petit Wilhem... Peut-être
pourrai-je vous être utile, vous
m'avez rendu service aujourd'hui.
Vous me trouverez toujours le matin
avant une heure. Comment vous
nommez-vous ?

—Marguerite, Madame; Wilhem, accompagne ces dames jusqu'en bas; » et la porte se referma.

Dans le trajet jusqu'à l'hôtel, Mathilde ne cessa de parler de ce qu'elle appelait leur aventure, et elle n'eut rien de plus pressé que de la conter à ses sœurs, Louise et Marie, puis le soir à son grand-père le vieux général Évrard, qui logeait chez sa fille, M^{me} de Lucenay, et gâtait beaucoup ses petits-enfants.

« Oh! bon papa! je voudrais que vous vissiez le petit Wilhem, maman dit que c'est sans doute un petit Allemand; qui sait? il sera peut-être un jour comme Mozart, dont vous nous avez lu l'histoire. Si vous saviez comme il touche de l'orgue! Maman, il faudrait le faire venir ici pour que bon papa, qui ne sort jamais et qui aime tant la musique, pût l'entendre.

— Nous verrons, ma chère Mathilde, dit sa mère; j'irai parler à la supérieure de l'Asile, et je prendrai des renseignements sur la mère du futur Mozart, qui me paraît un peu difficile à apprivoiser. »

Le jour de la naissance de Mathilde, M<sup>me</sup> de Lucenay, voulant donner une petite fête de famille à ses enfants et à leurs amis, se rappela le petit virtuose qu'elle avait entendu avec tant de plaisir, et qui l'avait tant impressionnée; elle songea à le faire venir chez elle, et en conséquence, sans en rien dire à personne, elle alla trouver la supérieure de l'Asile.

Celle-ci lui donna sur Marguerite les renseignements que voici.

Cette jeune femme était venue habiter avec son mari le petit logement où M^me de Lucenay l'avait vue. Peu de temps avant la naissance de Marguerite, le mari avait une place dans quelque administration, et allait tous les jours dans son bureau jusqu'à cinq heures. Ce jeune ménage paraissait jouir d'un peu d'aisance et avait la meilleure réputation dans le quartier; jusqu'à la naissance de leur petite fille ils paraissaient heureux et contents de leur sort; vers cette époque, le mari tomba malade, languit quelques mois, et mourut. Marguerite n'eut plus d'autres ressources alors que son aiguille pour elle et ses deux enfants. Elle vendit peu à peu presque tous ses meubles, à l'exception du piano. Elle ne sortait jamais que pour aller à la messe, ne voyait personne, ne s'occupait que de Wilhem et de la petite fille qu'elle nourrissait, et n'avait de relations qu'avec la supérieure de l'Asile. Celle-ci portait à Marguerite un véritable intérêt à cause de sa piété, de sa douce résignation et de sa conduite parfaite, mais ne savait rien de son histoire passée.

Un peu de fierté, qui semblait être son seul défaut, l'avait empêchée sans doute de répondre aux avances de Mme de Lucenay, qu'elle ne connaissait pas. Mais la supérieure la fit consentir sans peine à laisser son petit Wilhem passer une matinéc chez cette dame, et à s'y faire entendre. Seulement elle refusa de l'accompagner à cause de son grand deuil.

———

Une foule d'enfants étaient rassemblés dans le grand salon de l'hôtel de M^me de Lucenay le jour de la naissance de sa fille Mathilde; le petit Wilhem se mit tranquillement au piano, sans trouble et sans trop d'assurance. C'était un bel enfant; il ressemblait à sa mère : il avait, comme elle, les cheveux blonds et bouclés, et les yeux bleus. Il joua d'abord une sonate de Mozart avec une précision étonnante, et enleva tous les suffrages. Ensuite il fit quelques préludes, et exécuta

des variations sur un motif de
Schubert : on le couvrit d'applau-
dissements. Le vieux général, pa-
raissant enchanté, appela l'enfant,
et l'embrassa. « Eh ! mon petit
homme, dit-il, qui t'a appris à jouer
du piano comme cela ?

— Ma mère Marguerite, dit l'enfant ; mon pauvre père aimait bien
à nous entendre ! mais maintenant
qu'elle est seule, cela la fait souvent pleurer, quand je fais de la
musique.

— Si cet enfant avait les leçons
d'un maître, certes, il deviendrait
un de nos plus grands artistes !
reprit le général. Je voudrais bien
voir la figure que ferait ce petit bon-
homme au Conservatoire pendant
une symphonie de Beethoven ! »

Wilhem fut entouré, caressé ; on lui donna force gâteaux et sucreries ; puis, vers cinq heures, on le fit reconduire chez sa mère.

Marguerite était assise près de la fenêtre, sa petite fille sur ses genoux, quand Wilhem rentra.

« C'est toi, mon ange, dit-elle, comme tu as chaud ! tu es fatigué ; tiens, je t'ai préparé une tasse de lait.

— Merci, mère chérie ! je n'ai pas faim ! Si tu savais comme on m'a écouté ! Le vieux monsieur m'a bien caressé ; il a l'air bien bon ; il a dit qu'il me faudrait un maître. Oh ! mère ! si je pouvais gagner de l'argent pour toi et pour ma petite sœur, tu ne serais pas obligée de te courber toute la journée sur ce métier à broder, ce qui te rend si pâle, que j'ai toujours peur que tu ne deviennes malade comme mon pauvre cher papa! Tiens! regarde, mère; regarde, Gretchen; et il fit sauter une pièce d'or devant les yeux de la petite fille, qui se prit à rire; c'est le vieux général qui a mis cela dans la poche de ma veste au moment de mon départ. Qu'allons-nous faire de ce beau louis d'or, ma chère petite maman?

— C'est à toi, mon Wilhem, lui dit sa mère en l'embrassant; c'est ton premier gain, je veux que tu en disposes. Voyons, mon ange aimé, que feras-tu de ton petit trésor?

— Oh! merci, mère! je sais bien ce que j'en ferai. D'abord nous irons au marché aux fleurs, et je choisirai deux belles caisses de lilas, pour porter... vous savez bien où... là-bas, dans le grand jardin où dort mon pauvre papa sous la croix de pierre.... puis nous achèterons une robe et un joli chapeau pour ma petite sœur. Oui, Mademoiselle, c'est votre parrain, votre grand frère qui veut que vous soyez belle comme les jolies petites que nous rencontrons à la promenade les dimanches; et puis je ferai cadeau à ma mère chérie d'un beau livre de messe en velours, pour remplacer le sien qu'elle aimait tant, et que je ne lui vois plus. Ensuite, il y a notre bonne portière, qui est si complaisante pour nous, et qui nous rend mille petits services... je lui donnerai une paire de mitaines.....

— Et toi, cher enfant ? Tu n'oublies personne, mais tu ne songes pas à ce qui peut te faire plaisir, et voilà bientôt ton louis dépensé.

— Oh ! dit Wilhem d'un air pensif, il y a une chose dont j'aurais bien envie ; mais j'ai peur que cette chose-là ne soit impossible. J'ai entendu le vieux monsieur, chez cette dame où j'ai joué tout à l'heure, dire : « Si ce petit bon-
« homme-là allait au Conservatoire
« de musique, et qu'il entendît une
« une belle symphonie exécutée par
« cent musiciens, je voudrais savoir
« l'effet que cela lui ferait ! » Eh bien, mère chérie, je désirerais beaucoup aller au Conservatoire. Une symphonie de Beethoven, de notre

compatriote, d'un Allemand, que cela doit être beau! Oh! si je pouvais seulement entrer dans un coin, avoir une petite place!

— Hélas! mon cher enfant, je ne sais trop comment on pourrait se procurer un billet pour ces concerts; mais nous tâcherons de trouver un moyen pour cela. Je ne connais à Paris que madame la supérieure de l'Asile, je lui en parlerai. Elle est si bonne! elle tâchera de nous faire ce plaisir, mon pauvre Wilhem. Tu en as si peu! Venez, mes deux trésors, continua la jeune femme, en prenant tour à tour ses deux enfants sur ses genoux, les serrant contre son sein, et les couvrant de baisers et de caresses. Pauvres petits, vous n'avez plus qu'un cœur maintenant pour vous aimer, et rien qu'une faible femme pour vous défendre contre la misère et la souffrance ; mais votre père priera pour vous dans le ciel, et moi, ma vie vous appartient ici-bas.

— Allons, allons, mère chérie, te voilà encore avec tes idées tristes ; vous savez bien que je me fâche quand vous pleurez ; pose ma sœur sur le lit, je t'en prie, et mets-toi au piano ; joue-moi un air de ton pays, bonne mère, une valse allemande ; je veux danser, je suis en joie aujourd'hui. »

La mère effaça ses larmes par un sourire, et le petit Wilhem valsait de tout son cœur, lorsque la porte s'ouvrit, et le domestique de M<sup>me</sup> de

Lucenay parut : il apportait une lettre de sa maîtresse pour Marguerite, dans laquelle M^{me} de Lucenay lui exprimait tout le plaisir qu'on avait eu chez elle à entendre le petit Wilhem, et lui parlait de l'intérêt qu'il avait inspiré à son père, amateur passionné de musique ; le général voulait se charger de l'éducation musicale de l'enfant, et l'invitait à venir dans la loge de la famille, le dimanche, suivant au Conservatoire.

C'était bien du bonheur pour un jour ! La pauvre Marguerite écrivit quelques lignes de remerciements dictées par une vive reconnaissance.

Le soir, en faisant sa prière avec sa mère, le petit Wilhem lui dit :

« Maman, prions pour M^lle Mathilde et pour M^me de Lucenay.

— Oui, mon trésor, tu me devines toujours. Mon Dieu, donnez à cette autre mère dans sa fille la joie qu'elle apporte à mon pauvre enfant, qui n'a plus de père. »

———

Wilhem alla donc au Conservatoire dans la loge du général. Sa mère le fit bien beau pour ce jour-là, et le conduisit elle-même jusqu'à l'hôtel de la rue Royale, mais ne voulut pas entrer, et le quitta avec un baiser.

La loge était pleine de monde ; il y avait le vieux général, M. et M^me de Lucenay, Mathilde, ses deux sœurs. Wilhem fut d'abord un peu intimidé. Les lumières, la salle, les dames en toilette, tout ce luxe, cet éclat lui donnèrent le vertige ; mais bientôt il oublia tout : penché au bord de la galerie, il écoutait, ravi en extase ; et quand le dernier accord de la symphonie Héroïque fut donné, il joignit les mains comme s'il priait, et ne fit entendre que ces mots : « Mon Dieu, que c'est beau ! » Après le concert, le général présenta le petit Wilhem à un monsieur qui vint dans la loge comme son futur élève, et retint à dîner le maître et l'enfant. Wilhem revint chez sa mère au comble de la joie : les leçons devaient commencer le lendemain.

Heureuse du bonheur de son enfant, de l'avenir qui s'ouvrait devant lui, Marguerite sentit la nécessité d'aller faire ses remerciements aux protecteurs que le Ciel envoyait à son fils. Le lendemain matin, elle s'habilla avec plus de soin qu'à l'ordinaire, mit à son cou un portrait en miniature de son mari, seul bijou qu'elle eût conservé, et, ayant paré sa chère petite fille de la robe et du petit chapeau, présent de Wilhem, elle partit avec ses deux enfants pour l'hôtel de Lucenay.

A son arrivée, Mathilde s'empara de la petite Marguerite, qui était une délicieuse enfant, et, suivie de Wilhem, la porta dans la chambre de son institutrice, où se trouvaient ses sœurs. On joua à divers jeux, on rit beaucoup, on goûta avec des friandises, et une heure s'écoula

2*

bien vite. Au bout de ce temps, la mère de Wilhem ouvrit la porte; elle était très-rouge, et l'on voyait qu'elle avait pleuré. « Il faut nous en aller, mon ange, lui dit-elle, viens. » Et, ayant pris sa fille dans ses bras, elle se retira, sans que Wilhem eût pu faire ses adieux au général ni à M^me de Lucenay.

Le soir, quand la petite fille fut couchée et endormie, Marguerite eut l'entretien suivant avec Wilhem.

Marguerite. — Mon trésor, je vais t'apprendre une chose qui te surprendra beaucoup : M. le général Évrard est ton oncle! Ton pauvre père était le seul enfant d'une sœur qu'il a perdue, et le général était son tuteur.

WILHEM. — Oh ! maman, quel bonheur ! je suis donc cousin de M^{lle} Mathilde; mais pourquoi mon cher papa, et vous, ne m'en avez-vous jamais rien dit? pourquoi n'avons-nous fait la connaissance de M^{me} de Lucenay que par hasard ?

MARGUERITE. — Mon cher enfant, je vais t'expliquer en peu de mots ce qu'il est nécessaire que tu saches à ce sujet. Le général Évrard, n'ayant qu'une fille, actuellement M^{me} de Lucenay, avait formé le projet de l'unir à son neveu Edmond, ton pauvre père. Celui-ci, ayant passé deux ans en Allemagne chez mon père, professeur à l'université e *** pour achever ses études, écrivit au général pour lui demander de consentir à notre mariage.

Celui-ci ne lui pardonna pas de m'avoir choisie pour femme, refusa de répondre à ses lettres, et ne voulut plus nous voir.

« Quand nous vînmes habiter Paris à la mort de mon père, je n'avais jamais vu la famille de mon mari. Lorsque je me présentai ce matin avec vous à l'hôtel de Lucenay, une explication nécessaire eut lieu ; et.... ajouta Marguerite en pressant Wilhem contre son cœur, le général est heureux de te reconnaître pour son neveu, et veut fournir à tous les frais de ton éducation ; mais... et ses larmes coulaient en abondance, mais il faut nous séparer.... car le général ne m'a pas encore pardonné d'être, dit-il, la cause de la désobéissance de son neveu..... Hélas! nous avons pourtant bien souffert!

WILHEM. — Nous séparer, ma chère petite maman! oh non! jamais!... Je vais écrire au général, et lui dire que je refuse tout... Me séparer de ma mère chérie!.. cela ne se peut pas... On nous prendra tous les deux, ou je refuse tout pour rester avec toi! »

Avant de se mettre au lit, le petit Wilhem écrivit au général la lettre suivante, de sa plus belle écriture.

« Monsieur le général,

« Je vous remercie beaucoup de
« vos bonnes intentions pour moi,
« et de tous les plaisirs que vous
« m'avez procurés, surtout de m'a-

« voir fait aller au Conservatoire;
« mais il m'est impossible d'accep-
« ter les offres que vous me faîtes
« pour l'avenir, puisqu'il faudrait
« pour cela quitter ma mère ché-
« rie. Ainsi, je resterai toute ma
« vie votre reconnaissant et res-
« pectueux,

« WILHEM D.

« *P.-S.* Je voudrais bien offrir
« mes respects à M<sup>me</sup> la baronne
« de Lucenay, ainsi qu'à M<sup>lle</sup> Ma-
« thilde. »

Marguerite sembla attendre avec
anxiété la réponse à cette lettre,
toute la journée du lendemain, et le
jour suivant : rien ne vint. Elle était
triste et pensive, de grosses larmes
tombaient sur son ouvrage et gâ-

taient sa broderie. Wilhem au con-
traire redoublait de gaieté, de tendresse pour sa mère; il sautait,
faisait rire aux éclats sa petite sœur,
et courait ensuite embrasser sa
mère en lui jetant au cou deux bras
caressants.

Enfin un soir Wilhem était au
piano jouant une sonate avec sa
mère, lorsque la porte s'ouvrit.

M^me de Lucenay et Mathilde pa-
rurent. Cette dernière était rayon-
nante. M^me de Lucenay s'approcha
de Marguerite et lui prit la main,
puis lui dit :

«Mon père a cédé à mes instances;
il oublie tout le passé. Je lui ai dit
tout le bien que je savais et que je
pensais de vous; il veut voir à l'instant sa nièce et son neveu. Vous

ne vous séparerez pas de Wilhem, chère Marguerite, car vous demeurerez avec nous, et je compte sur vous pour m'aider à diriger l'éducation de mes filles. Venez !..... On nous attend avec impatience. »

On se figure aisément le bonheur de Marguerite; M$^{me}$ de Lucenay la fit monter dans sa voiture avec ses deux enfants; on arriva promptement à l'hôtel. Le général, tout attendri, reçut Marguerite et les deux enfants à bras ouverts. « Aimez bien ma fille, leur dit-il, c'est à elle que je dois le bonheur de cette réunion; son cœur et la lettre de Wilhem ont gagné votre cause. »

Le petit Wilhem n'a pas fait mentir les dispositions de son enfance, c'est aujourd'hui un de nos plus grands compositeurs de musique ; et, pourtant, les jours de fête solennelle, il aime encore à venir toucher le petit orgue de la modeste chapelle de la rue Notre-Dame-des-Champs.

# FAMILLE DU DOCTEUR

Nous ne dirons pas, lecteurs, le nom de la petite ville où se sont passés les simples événements que nous allons raconter : elle est située dans le midi de la France, et renommée pour son doux climat. Les médecins de Paris y envoient chaque année de pauvres gens malades de la poitrine, qui viennent y revivre quelques mois aux rayons de son soleil, sous la voûte de son ciel bleu, au milieu de ses jardins fleuris.

Le docteur Hervé y jouit d'une réputation méritée ; puissamment secondé par la pureté de l'air et la douceur de la température, il semble prolonger quelquefois les jours des personnes confiées à ses soins.

Le docteur est marié, et père de deux charmantes petites filles, sœurs jumelles, nommées Marthe et Marie ; sa femme, Mme Thérèse Hervé, plus jeune de vingt ans que son mari, est une de ces natures d'élite qui semblent être nées pour ne songer qu'au bonheur des autres. Une sainte a dit quelque part que si l'on pouvait voir la beauté d'une âme, on ne saurait plus rien regarder. Cette beauté intérieure d'un cœur pur, d'un esprit élevé, se reflète souvent sur le visage, et donne à des traits peu réguliers d'ailleurs un charme qui attire les regards; c'est ainsi que certaines fleurs de peu d'éclat qui croissent à l'ombre possèdent une vertu cachée pour adoucir les maux de l'homme, et souvent lui rendre une beauté parfaite. Pour ceux qui la connaissaient, M<sup>me</sup> Hervé était douée de cette beauté; son extérieur n'avait rien de remarquable, si ce n'est des yeux noirs extrêmement doux et expressifs; mais le calme angélique de sa physionomie, le sourire qui venait souvent l'animer, s'alliaient si bien à sa parole toujours bonne, gracieuse, bienveillante, que tous rendaient hommage à cette simple femme, qui, sans le savoir, inspirait le respect à ce qui l'approchait.

Le bon docteur, excellent homme au fond, mais distrait comme un savant, avait ses habitudes, ses petites manies; souvent un peu de patience était nécessaire avec lui. Un rien le contrariait, l'irritait; mais sa femme possédait le secret de dérider son front et d'apaiser l'orage; le cœur de Thérèse était tout à Dieu et à ses enfants.

Par une belle soirée de juillet, Marthe et Marie, vêtues de robes blanches, leurs longues tresses brunes flottant sur leurs épaules, couraient sur la pelouse devant la maison de leur père, et s'amusaient à jeter des touffes de fleurs à

M<sup>me</sup> Hervé, assise sur une marche du perron ; les pétales des roses, des anémones et des pivoines, tombaient en pluie odorante sur les cheveux et sur les vêtements de celle-ci, qui lançait à son tour aux deux enfants les projectiles inoffensifs, ce qui excitait des éclats de rire à couvrir le chant des oiseaux. Ces jeux duraient depuis une demi-heure, lorsque la grille du jardin s'ouvrit, et le docteur s'avança vers le groupe.

« Eh bien ! Thérèse, encore au jardin à cette heure ! et sans chapeau ! Ne vous ai-je pas dit que rien n'était plus dangereux que la fraîcheur du soir après une journée brûlante comme celle-ci ? Demain, vous aurez une névralgie dans la tête. Et ces petites filles, ne viennent-elles pas embrasser leur papa? Allons, le souper est-il prêt? Madame Hervé, vous savez que je ne puis attendre, et la cuisinière est souvent inexacte. Je meurs de faim! avons-nous quelque chose de bon à souper, Thérèse?

— Je le pense, mon ami; mais je ne vous attendais pas sitôt, je croyais que vous alliez aux faubourgs ce soir. N'importe, tout sera prêt à la minute : je vous précède d'un instant pour faire servir.

— Ah! papa! comme nous avons joué avec maman ce soir! dit la petite Marie. Quelle bonne partie nous avons faite!

— Papa! nous avons été bien

sages toute la journée, nous avons fait tous nos devoirs, reprit Marthe, et si vous avez le temps après souper, nous vous jouerons notre sonate à quatre mains; vous verrez comme nous avons fait des progrès. »

— C'est bon! c'est bon! je sais que votre mère s'y entend : l'essentiel à présent, c'est de souper.

Peu d'instants après, le docteur était assis confortablement devant une table couverte de mets dont le parfum ne laissait rien à désirer. Sa serviette passée dans son gilet, la fourchette à la main, l'œil satisfait, M. Hervé se préparait à faire honneur à un rôti d'ortolans placé devant lui.

« Comment avez-vous trouvé le

pauvre M. Desormes aujourd'hui, mon ami? demanda Thérèse.

— Mal! la fièvre continue avec des redoublements; c'est un homme perdu, dit le docteur tout en mangeant.

— Quel chagrin pour sa famille! Et la pauvre veuve Jacob, avez-vous eu le temps de la voir?

— Oh! j'irai demain, cela ne presse pas; elle en a pour plusieurs mois. La maladie est stationnaire; mais il lui faut une bonne nourriture, du rôti, du vin vieux.

— Mes enfants, nous irons la voir aujourd'hui, et lui porter quelques provisions; nous avons encore une heure de jour, et elle ne demeure pas loin d'ici. J'ai là une bouteille de bordeaux pour elle.

—Oh! tant mieux, chère maman, nous serons enchantées d'aller avec vous, s'écrièrent les deux petites filles.

— J'ai encore une pratique pour vous, madame Hervé, reprit le docteur. Le maçon Thibaut est tombé ce matin d'un échafaudage ; je l'ai saigné tantôt, sa femme n'a pas voulu le laisser porter à l'hôpital, probablement parce qu'elle compte autant sur vos visites que sur les miennes. Il leur faut du vieux linge, de la charpie... »

On en était là du souper et de la conversation, lorsque la sonnette de la porte s'agita violemment, et un instant après on vit entrer un domestique étranger en livrée.

« C'est bien à monsieur le docteur

Hervé que j'ai l'honneur de m'adresser ?

— A lui-même.

— Voici une lettre pressée ; ma maîtresse, M^{me} la baronne de Waldorf attend monsieur le docteur à l'hôtel du Lion-d'Argent. »

Le pauvre docteur poussa un profond soupir, donna un coup d'œil à ces bons morceaux qui allaient passer du plat dans son assiette, et, se hâtant d'achever son verre de vin de Roussillon, il remit la lettre à Thérèse.

« Je n'ai pas mes lunettes, dit-il ; enfants, passez un instant dans le salon. » Puis au domestique: « Dites à votre maîtresse que je vous suis à la minute, je ne prends que le temps d'achever mon souper. Il faut pourtant bien que les médecins mangent comme les autres !

— Pardon, monsieur le docteur, mais ma maîtresse est très-souffrante, très-fatiguée du voyage, et désire voir monsieur le plus tôt possible.

— C'est bien ! c'est bien ! j'y vais. Voyons, madame Hervé, lisez-moi cette lettre, je mettrai les morceaux doubles. »

Thérèse lut ce qui suit :

« Mon cher confrère, je vous
« adresse une des plus jolies et des
« plus élégantes femmes que je
« connaisse, M$^{me}$ la baronne de
« Waldorf; elle est veuve, sans
« enfants, riche; on ne lui connait
« pas un motif de chagrin : cepen-

« dant je persiste à croire que chez
« elle l'esprit est plus malade que
« le corps. Il y a de la ressource
« dans la force de sa constitution;
« mais des veilles fréquentes, un
« mauvais régime, une extrême irri-
« tabilité nerveuse, qui font qu'elle
« ne peut supporter la moindre
« contrariété sans que cela pro-
« voque chez elle les plus graves
« accidents, l'ont réduite à un tel
« état de marasme, de faiblesse,
« que, voyant l'inutilité de mes
« prescriptions, et craignant un
« fatal résultat, je vous envoie
« à ***, en attendant l'époque de
« prendre les eaux, mon intéres-
« sante malade, espérant que le
« changement d'air, la salubrité de
« votre climat, et une vie calme,

« lui feront du bien ; je compte
« d'ailleurs sur votre expérience et
« votre talent pour reconnaître les
« symptômes suivants que j'ai con-
« statés, etc. etc. »

La signature était celle d'une de
nos célébrités médicales.

« Bon ! j'ai le temps d'achever
tranquillement mon souper, dit le
docteur... Des nerfs, de la mélan-
colie, une jolie femme, il n'y a rien
là de bien inquiétant ; ce sera une
cure facile et qui fera beaucoup
d'honneur au climat de *** et à la
science du docteur Hervé. Thérèse,
ma chère, rappelez les enfants, et
demandez le second service.

— Mon ami ! Thibaut le maçon
loge sur la place de l'église, juste

en face du Lion-d'Argent ; vous
me feriez grand plaisir d'y passer en
sortant de chez cette dame étrangère. »

Le bon docteur sourit en regardant sa Thérèse ; une demi-heure
après, ayant pris son café, il se
rendit chez ses deux patients.

————

Le lendemain était un dimanche.
M^{me} Hervé, en sortant de la grand'-
messe avec ses deux enfants, se
rendit chez le pauvre maçon, et
laissa Marthe et Marie sous la sur-
veillance de leur vieille bonne, sur
la petite place plantée de sycomores,
qui servait de promenade aux habitants de ***.

Les fenêtres de l'hôtel du Lion-d'Argent donnaient sur cette place; celles du rez - de - chaussée étaient ouvertes, et Thérèse, en passant, aperçut étendue sur un canapé, supportée par des coussins, une jeune femme blonde, dont les yeux profondément creusés et brillants d'un éclat étrange, les joues colorées d'un rose vif aux pommettes, accusaient la souffrance.

C'est là sans doute l'étrangère arrivée hier soir, se dit Thérèse; pauvre femme! elle doit être bien mal dans cette mauvaise hôtellerie, sans jardin, ne pouvant respirer que sur cette place poudreuse!

Les deux petites filles de M^me Hervé vinrent s'asseoir sur un banc, précisément devant les fenêtres de la jeune malade.

« A quoi nous amuserons-nous, ma sœur, demanda Marthe à Marie, pendant la visite de maman au pauvre Thibaut ?

Marie. — Pourquoi maman ne nous a-t-elle pas emmenées avec elle ce matin ?

Marthe. — Tu sais bien que le pauvre Thibaut est dangereusement blessé, et maman, qui nous conduit souvent chez les pauvres pour leur porter des secours, nous épargne toujours la vue du sang, et ne nous mène jamais chez les personnes désespérées.

Marie. — Comme elle est bonne, maman ! comme tout le monde l'aime ! Aussi j'aurais bien honte d'être méchante ; toute la ville dirait : « Comment ! c'est la petite Marie Hervé qui se met en colère, qui est menteuse et désobéissante? cela n'est pas possible, ce ne peut pas être la fille de M^me Hervé. »

MARTHE. — Notre papa est bien bon aussi, il est si habile pour guérir, et jamais il ne prend d'argent aux malheureux; mais pourtant il se fâche quelquefois bien fort...

MARIE. — Oh! ma sœur, ce n'est pas à nous de nous en apercevoir... Tiens! j'ai ma balle dans ma poche, veux-tu que nous fassions une petite partie en attendant maman?

MARTHE. — Volontiers. » Et voici les deux charmantes petites sœurs, courant d'un bout de la place à l'autre, et se renvoyant le léger ballon avec l'agilité et la grâce de leur âge.

La jeune malade du rez-de-chaus-
sée n'avait pas perdu un mot de leur
conversation, et suivait leurs mou-
vements avec une sorte d'intérêt,
lorsque la balle, lancée par Marthe,
vint tomber aux pieds de son canapé. La baronne de Waldorf la ra-
massa, et la gardant dans sa main
fit signe à l'enfant d'entrer, et de
venir la chercher chez elle.

Marthe hésitait : la jeune femme
fit une petite moue d'impatience,
sonna, et envoya sa femme de
chambre parlementer avec la vieille
bonne.

Au bout de quelques minutes,
Marthe et Marie furent introduites
dans le petit salon.

La baronne de Waldorf était en-
veloppée dans un élégant peignoir

de mousseline doublé de soie lilas, ses beaux cheveux blonds s'échappant d'un flot de dentelles et de rubans; un petit chien épagneul, de ceux qu'on nomme Kings-Charles, était couché à ses pieds, et attira tout d'abord l'attention des deux petites filles.

« Quelles charmantes créatures, Juliette! dit la baronne à sa femme de chambre, qui les tenait par la main. Le docteur ne m'avait pas dit qu'il était le père de ces deux boutons de rose; comment vous distingue-t-on? pour moi, je ne vois aucune différence entre vous.

— Je m'appelle Marthe.

— Et moi Marie, Madame.

— Juliette, donnez-leur quelques bonbons; asseyez-vous là près de

moi. Oh! les beaux cheveux! continua la jeune femme en passsant
sa main blanche et effilée sur les
tresses épaisses des deux sœurs. Il
faut que je dise au docteur de m'envoyer ses enfants, j'en ferai un délicieux pastel, cela me distraira :
voulez-vous venir me revoir, mes
jolis anges?

— Avec grand plaisir, Madame,
si maman nous le permet, répon-
dirent-elles.

— Vous ferez connaissance avec
Spit-Fire. Il est presque aussi joli
que vous dans son espèce; n'est-ce
pas, monsieur Spit-Fire, que vous
êtes beau? » Et la baronne se mit à
jouer avec son petit chien, qui mor-
dillait ses dentelles. «Oh! dites-moi,
avez-vous un jardin chez vous? je ne

vois pas de fleurs ici; je voudrais avoir des fleurs. Comme on est mal installé dans cette auberge! j'ai hâte de prendre possession de l'apparte-ment que le docteur s'est chargé de retenir pour moi.

— Nous vous apporterons un joli bouquet demain, Madame, dit Marie; j'ai des roses mousseuses dans mon jardin.

— Et moi des héliotropes ma-gnifiques, reprit Marthe, et maman arrange si bien les fleurs! »

En ce moment M<sup>me</sup> Hervé sortait de chez Thibaut : « Voilà maman, dirent les deux sœurs : adieu, Ma-dame.

— Adieu! et revenez demain sans faute. »

« Mon ami, dit M^{me} Hervé au docteur à l'heure du souper, la baronne de Waldorf a demandé aux enfants de poser pour qu'elle fasse leur portrait. Dites-moi, que pensez-vous de cette dame? est-elle réellement bien malade?

— Très-malade, répondit le docteur, et, comme me l'annonce mon confrère, irritable et nerveuse au dernier point: comme presque toutes les personnes attaquées de la poitrine, elle a une foule de fantaisies, et lorsqu'elles ne peuvent être satisfaites, elles aggravent son mal d'une manière notable; j'en ai été témoin moi-même pour une bagatelle: il s'agissait de fleurs, qu'on n'avait pu se procurer. Puis elle est mal logée; je lui ai retenu un joli appartement, mais il faut attendre qu'il soit disposé.

— Eh bien, mon ami, si vous n'y voyez pas d'inconvénient, je lui enverrai Marthe et Marie; elles lui porteront des fleurs et quelques fruits de notre jardin; et, si cette pauvre femme paraît le désirer, je m'empresserai d'aller la voir moi-même, et tâcherai de la distraire.

— Oh! madame Hervé, dit le docteur en souriant, si vous vous mêlez de la cure en même temps que moi, je ne désespère plus de la guérison. »

Les séances commencèrent le lendemain; Thérèse fit porter chez la baronne une magnifique corbeille de fleurs qu'elle avait disposées avec goût parmi de la mousse et du lierre.

Marthe, Marie, et leur présent, furent reçus avec une joie enfantine par la pauvre malade. Une autre fois, ce furent de belles pêches alors dans la primeur. M<sup>me</sup> Hervé avait mille prévenances délicates et ingénieuses pour la jeune étrangère, qui ne pouvait se passer de voir les deux petites sœurs tous les jours.

Les portraits n'avançaient pas vite, la malade ne travaillait pas longtemps de suite. Puis c'était une singulière personne; tantôt elle paraissait d'une gaieté folle, jouait comme un enfant avec Marthe et Marie, caressait le petit chien Spit-Fire; tantôt elle jetait brusquement son crayon, son livre ou son ouvrage, et se mettait à pleurer.

Marthe et Marie contaient tout

cela à leur mère, qui s'étonnait un peu que la baronne, tout en se montrant tendre et caressante pour ses filles, ne demandât pas à la voir.

Une chose encore lui parut étrange au bout de quelques semaines: M<sup>me</sup> de Waldorf, qui sortait souvent en voiture et même à cheval, ne paraissait jamais à l'église, bien qu'elle n'eût que la place à traverser pour s'y rendre.

Thérèse, naturellement timide et réservée, malgré son désir d'approcher la malade pour la consoler et la distraire, voyant qu'elle n'en recevait aucune avance, se contentait de prier pour elle, et de lui envoyer ses filles, lorsque arriva un événement que la Providence permit sans doute pour rapprocher ces deux femmes l'une de l'autre.

M^me de Waldorf sortait souvent à cheval, avons-nous dit. Le docteur recommandait la plus grande prudence dans cet exercice, et voulait qu'on n'allât qu'au pas ou à une allure très-mesurée; mais un jour la baronne se joignit à une famille anglaise venue des eaux pour visiter une grotte célèbre des environs. En vain le docteur s'éleva contre cette course; la jeune femme voulait la faire, elle partit. On alla vite, la grotte était fraîche, la pauvre malade se sentit glacée; elle revint chez elle avec la fièvre, le soir elle était mourante.

Thérèse, la sachant seule avec sa femme de chambre dans une

auberge, alla près d'elle, sut faire accepter ses soins, et devint une garde-malade aussi intelligente que dévouée.

La charité est active, elle ne connaît ni bornes ni obstacles, elle est ingénieuse; bientôt la jeune baronne ne voulut plus rien accepter que de la main de M<sup>me</sup> Hervé.

Marthe et Marie eurent bien du chagrin de voir leur bonne amie malade; mais l'enfance ne sait guère ce que c'est que le danger. « Puisque mon papa la soigne, dit Marthe à Marie, et que maman la veille, elle guérira bientôt.

— Je l'espère, reprenait Marie, mais il faut bien prier pour elle. Faisons une neuvaine à la sainte Vierge, veux-tu, ma sœur ? » Et les deux anges priaient; mais le mal ne cédait pas.

M^me Hervé ne permettait plus à ses filles d'entrer dans la chambre de la malade; elles venaient seulement à la porte, sur la pointe des pieds, et demandaient tout bas : « Comment cela va-t-il ? »

Enfin, au bout de quinze jours, il y eut un mieux assez sensible pour que la jeune femme pût être transportée hors de l'hôtel du Lion-d'Argent, qu'elle avait pris en horreur. Ce fut chez M^me Hervé qu'on la fit conduire, d'après son désir.

Thérèse lui avait fait arranger une chambre commode et agréable, donnant sur le vaste jardin du docteur. La pauvre malade sembla renaître quand elle se vit dans cette pièce si claire, si gaie, où le soleil entrait à flots, où se trouvaient des fleurs, des meubles élégants quoique simples.

« Thérèse, dit-elle à M^me Hervé avec un regard humide et reconnaissant, ma chère Thérèse! Vous voulez bien que je vous nomme ainsi, n'est-ce pas? Et vous, vous m'appellerez Amélie, dites, voulez-vous? Je vous remercie. Vous êtes bonne, vous me faites du bien; venez là près de moi, votre main dans les miennes. J'avais pourtant peur de vous, de votre réputation, de tout ce que j'entendais dire de votre piété, de votre vertu...

— Eh! dit Thérèse en souriant, je ne savais pas que l'on vous eût parlé de moi; on vous en aura dit un bien exagéré sans doute, et vous aviez peur que le portrait ne fût pas ressemblant : c'est là ce qui vous effrayait.

— Thérèse ! reprit M^me de Waldorf sérieusement, lorsque vous m'avez parlé d'un prêtre, il y a quelques jours, je vous ai dit : « Plus tard ! » Écoutez-moi, je vous dois la vérité : je ne suis pas catholique. »

Thérèse soupira, et ne répondit rien ; il y eut un long moment de silence.

Enfin M^me Hervé reprit la parole de sa voix calme et douce. « Ma chère Amélie, dit-elle, il y a un pasteur protestant à ***, vous l'ignoriez peut-être ? C'est un homme généralement estimé : voulez-vous que je lui écrive de venir vers vous, si sa présence peut vous consoler ?

— Est-ce vous, Thérèse, vous si attachée à votre foi, si pieuse, qui me faites cette proposition ?

— Mais quoi ! mon Amélie, n'eussiez-vous pas agi de même à mon égard en pareille circonstance, si je me fusse trouvée malade loin de mon pays, et que, moi catholique, je vous eusse demandé un prêtre ?

— Thérèse, il y a longtemps, bien longtemps, que la croyance dans laquelle j'ai été élevée a déserté mon esprit et mon cœur, et... rien ne l'a remplacée..... Voilà pourquoi je souffre ! J'ai demandé le bonheur au monde, aux plaisirs, et le monde et les plaisirs m'ont tuée, sans m'apporter le bonheur !

J'ai vingt-deux ans à peine ! plaignez - moi, Thérèse, et priez pour moi !

« Depuis que je vous connais, depuis que votre vie si pure, votre tendresse pour vos enfants, votre dévouement à votre mari, votre charité pour les pauvres, se sont révélés à moi, bien des idées nouvelles m'apparaissent. Thérèse, je me sens fatiguée, nous reprendrons cette conversation plus tard.

« Envoyez-moi Marthe et Marie. »

———

« Oh ! qu'il est grand l'amour qu'on éprouve pour une âme qu'on voudrait sauver ! que de larmes il fait répandre ! que de prières il fait adresser à Dieu ! On en perd le repos et le sommeil ; il semble qu'on n'ait rien autre chose dans l'esprit, et le cœur ne retrouve de calme que lorsqu'il a obtenu la grâce de cette âme ! »

Ces paroles sont de sainte Thérèse ; c'était la patronne de M^{me} Hervé, et elle les avait lues bien souvent sans doute !

Un mois après la conversation que nous avons rapportée, la petite église de Saint-Isidore était remplie de fidèles empressés d'assister à une touchante cérémonie.

La jeune baronne de Waldorf, rendue à la santé, et brillante de jeunesse et de bonheur, embrassait la religion catholique. Le Révérend Père de *** officiait, Thérèse servait de marraine, et Dieu sait quelles ferventes prières sortaient de sa bouche.

Marthe et Marie étaient là au pied de l'autel avec leurs robes blanches, et en anges de la terre se réjouissaient avec ceux du ciel!

FIN

Tours, imp. Mame.

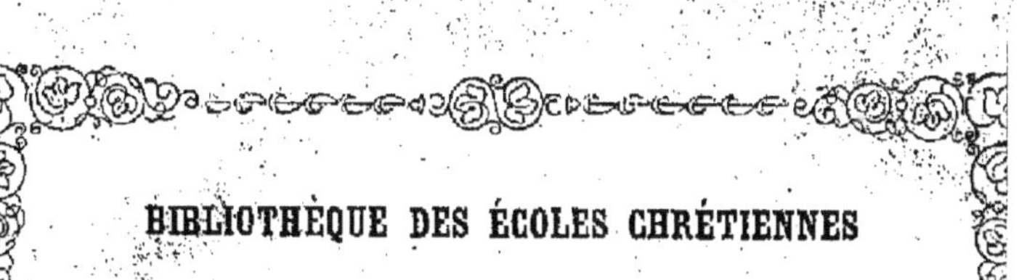

# BIBLIOTHÈQUE DES ÉCOLES CHRÉTIENNES

Animaux remarquables (les), par C. G.

Armande, par M<sup>me</sup> la C<sup>sse</sup> de la Rochère.

Berthilde, par M<sup>me</sup> la C<sup>sse</sup> de la Rochère.

Bonne Tante (la), par M. E.

Dix Contes pour l'Enfance, par M<sup>me</sup> C. G.

Doigt de Dieu (le), par Ch. M.

Édouard et Henri.

Famille Bellefond (la), par M<sup>me</sup> Fanny de Monzay.

Honnête Ouvrier (l'), par M<sup>me</sup> la C<sup>sse</sup> de la Rochère.

Jeune Meunière (la), par M<sup>me</sup> Camille Lebrun.

Laurent le Paresseux, par M. E.

Leçon de Charité (la), par M<sup>me</sup> Fanny Mouzay.

Leçons pour les Enfants, par Miss Barbault.

Lectures pour l'Enfance, par M<sup>me</sup> Fanny de Mouzay.

Mémoires d'une Grand'Mère (les), par M<sup>me</sup> la V<sup>sse</sup> de Saint-P**.

Petit Matelot (le), par M<sup>me</sup> Césarie Farrenc.

Récits du vieux Soldat (les), dédiés à l'enfance.

Soirées instructives et amusantes, par M<sup>me</sup> de ***

Tante Ursule (la), par M<sup>me</sup> la V<sup>sse</sup> de Saint-P**.

Voyage en Californie, par H. de Chavannes.